기후 환경
보드게임북

기후 환경 보드게임북

초판 1쇄 발행 2022년 5월 17일
초판 3쇄 발행 2024년 4월 3일

지은이 박찬정
펴낸이 이범상
펴낸곳 (주)비전비엔피·애플북스

기획 편집 차재호 김승희 김혜경 한윤지 박성아 신은정
디자인 김혜림 최원영 이민선
마케팅 이성호 이병준 문세희
전자책 김성화 김희정 안상희 김낙기
관리 이다정

주소 우) 04034 서울특별시 마포구 잔다리로7길 12 (서교동)
전화 02) 338-2411 | **팩스** 02) 338-2413
홈페이지 www.visionbp.co.kr
이메일 visioncorea@naver.com
원고투고 editor@visionbp.co.kr
인스타그램 www.instagram.com/visionbnp
포스트 post.naver.com/visioncorea

등록번호 제313-2007-000012호
ISBN 979-11-90147-45-3 14370

교육과 만난 보드게임북 시리즈 5

기후 환경 보드게임북

박찬정 지음

애플북스

이 책에 대한 추천사

바야흐로 혼공의 시대입니다. 하지만 혼공만큼이나 함께하는 공부 역시 중요합니다. 특히 현장에서 지켜본 결과 게임을 통한 학습이야말로 가장 자연스러운 함공 방법임을 알게 되었습니다. 박찬정 선생님은 학교 현장에서 유용한 학습 게임을 지속적으로 개발해온 교육자 겸 게임 개발자로 유명합니다. 배움과 재미를 동시에 잡는 이 책을 통해 미래 세대들이 기후변화 문제의 해결사로 거듭나기를 기대해봅니다.

혼공쌤 _ 교육 인플루언서

기후 위기에 대해 학생들이 알기 쉽게 접근할 수 있도록 구성된 《기후 환경 보드게임북》은 게임을 통해 스스로 문제를 찾고 해결책을 모색하도록 설계된 학생 중심의 책입니다. 또한 교사들이 다양한 교수-학습 방법을 구안하고 적용할 수 있는 교재로 현장에서 매우 유용할 것으로 판단됩니다. 이 책을 통해 학생들은 기후변화 문제에 대해 새로운 시각을 갖게 될 것이며 선생님들은 재미와 의미를 모두 잡는 수업이 될 것이라 확신합니다.

김성철 _ 경기도여주교육지원청 교육과장

우리의 삶에 천천히 무섭게 다가오는 기후변화에 이제는 적극적으로 대응해야 합니다. 하지만 기후변화 대응 수업은 준비하는 교사나 배우는 학생도 숙제처럼 미뤄온 것이 사실입니다. 이러한 교육 현장의 어려움을 타파하기 위해 《기후 환경 보드게임북》이 출간된다고 하니 실로 반가운 일이 아닐 수 없습니다. 박찬정 선생님의 신간으로 기후변화 문제에 학생들이 한 걸음 더 다가갈 수 있을 것입니다.

양성혁 _ 경기도양평교육지원청 장학사

인류의 생존을 위협하는 위기로 기후변화를 꼽는 전문가들이 늘고 있습니다. 기후변화는 우리 삶과 밀접하지만 무거운 주제입니다. '기후변화와 탄소중립'이라는 어려운 주제를 재미있는 게임으로 풀어낼 수 있는 사람은 박찬정 선생님뿐입니다. 기후변화로 닥칠 위기를 선제적으로 대응하기 위한 '지식과 실천의 힘'을 학생들에게 키워줘야 한다는 것에 공감하는 선생님들에게 이 책을 적극 추천합니다.

조지현 _ 경기도교육청 장학사

이젠 먼 이야기가 아닌 나의 이야기, 우리의 이야기가 되어버린 기후, 환경을 주제로 흥미진진한 이야기가 보드게임으로 펼쳐집니다. 선생님이 만든 보드게임을 하다 보면 자연스럽게 '환경을 지키자'라는 마음을 갖게 되고 기후 환경에 대한 경각심과 함께 기후변화 해결을 위한 구체적인 실천 방안을 익혀서 현실에 적용해볼 수 있습니다. 기후 환경을 재미있게 배우고 싶은 친구들에게 박찬정 선생님의 《기후 환경 보드게임북》을 적극 추천합니다.

유정헌 _ 고림중학교 박찬정 저자의 제자

기후 위기! 실로 진지할 수밖에 없는 중요한 주제입니다. 이러한 고민을 하는 교사는 수업에 더 큰 어려움을 느낍니다. 박찬정 선생님의 《기후 환경 보드게임북》은 게임이라는 재미있는 방식으로 어려운 주제에 쉽게 접근할 수 있습니다. 활용법을 참고해서 실제로 보드게임을 하면 수업 내용이 풍요로워지고 삶 속에서 실천 방법을 체험할 수도 있습니다. 항상 즐거운 수업, 재미있는 수업, 그리고 의미 있는 수업을 위해 노력하는 박찬정 선생님을 응원하며, 이번 보드게임북도 기대한 만큼 멋지다고 말씀드립니다. 게임 한번 하시죠.

김응현 _ 세종특별자치시교육청 장학관

항상 학생들의 자발적 참여와 흥미로운 배움을 추구하는 박찬정 선생님이 오랜 시간 노력한 결과물과 노하우를 《기후 환경 보드게임북》에 모두 담아냈습니다. 특히 이번 시리즈는 세계적으로 심각하게 대두되고 있는 기후변화에 대하여 학습할 수 있는 참신한 게임 아이디어와 짜임새 있는 구성으로 학생뿐만 아니라 교사 모두에게 적극 추천합니다.

고아영_ 경기도성남교육지원청 장학관

이젠 보드게임으로
기후 환경을 지키자

나는 사회 과목 교사로서 수업을 통해 기후변화 문제에 관심을 가지고 실천하도록 학생들을 가르쳐왔다. 생각해보니 딱 그 이상도 이하도 아닌 그만큼 가르쳐왔던 것 같다. 그러다 문득 기후변화 문제 해결에 기여할 방법이 없을까 고민하게 되었고 내가 잘하는 보드게임을 만들어보기로 했다.

이 책에서는 기후와 환경에 대한 이야기를 게임으로 풀어냈다. 게임을 만드는 과정은 고되지만 나도 성장하는 기회가 되었다. 기후 문제의 원인과 해결 방법에 대해 좀 더 깊이 고찰하고 게임으로 풀어내기 위해 고민하는 과정에서 일종의 사명 의식도 가질 수 있었다.

현세대는 미래 세대의 기후변화 감수성과 문제에 대응하는 역량을 높여줘야 할 사명이 있다. 미래 세대의 주역인 우리 학생들이 기후변화에 대응하기 위한 소양을 갖추는 것은 앞으로 탄소중립을 달성하고 안전한 미래를 만들어가기 위한 필수적인 요소이다.

학생들이 기후변화에 관심을 가지고 관련 지식뿐만 아니라, 원인, 해결 방안 등을 흥미롭게 살펴볼 수 있도록 고심했다. 게임의 최종 목표는 재미와 의미 두 마리 토끼를 모두 잡는 것이다. 게임을 통해 한 명이라도 기후변화에 관심을 가지고 해결을 위해 실천한다면 그것으로 만족한다.

2021년 1월 5일 전면 개정된 「환경교육의 활성화 및 지원에 관한 법률」은 "국민의 환경 학습권을 보장하고 기후변화 등 다양한 환경문제를 효과적으로 예방하고 해결할 수 있는 소양과 역량을 갖추게 함으로써 국가와 지역사회의 환경 보전 및 지속 가능한 발전에 이바지하게 함을 목적으로 한다."라고 명시하고 있다.

앞으로 미래 세대가 기후변화 시대에 적합한 소양과 역량을 갖출 수 있도록 기후환경 교육에 적합한 다양한 교구를 개발하는 것은 교육자로서 선택이 아닌 필수이다.

이 책을 내기까지 많은 이들이 함께해주었다. 게임을 제작하는 과정에서 아들 태진, 태민이 그리고 사랑하는 제자들이 적극적으로 참여해주었다. 전국의 수많은 동료 선생님들께서는 수업에 활용해보면서 부족한 내용을 채워주셨다. 이 책을 통해 많은 이들이 미래의 위험을 인식하고 쾌적한 환경을 다음 세대에게 물려주는 데 조금이라도 기여했으면 하는 바람이다.

2022년 5월
박찬정

차례

학습 목표

탄소중립을 위해 우리가 할 ~

최초의 학습용 보드게임북!

→ 학습 목표를 확인하자.

준비물(활동 자료는 60쪽 참조)

탄소 카드(탄소중립 카드 포함) 56장.

→ 뒤쪽에 있는 활동 자료를 잘라 준비한다. 이때 카드 크기에 맞는 OPP 비접착 봉투가 있다면 금상첨화. 두고두고 쓸 수 있는 교구를 갖게 된다.

학습 도움말

1. 게임 활용 시점

→ 학습 도움말을 참고하여 학습 절차에 따라 진행하자. 사전 사후 교육에 대한 안내도 소개하고 있으니 꼼꼼히 확인!

활동지
탄소제로 도전 게임

→ 제대로 학습이 되었는지 확인이 필요하다. 그렇다면 학습 정리 페이지를 복사해서 나눠주자.

평가 루브릭

 자기-동료-교사 평가

수업을 마쳤다면, 스스로 평가하고, 동료 평가도 하고, 교사 평가도 남기자. 학생 수만큼 복사하여 사용하면 된다.

탄소제로 도전 게임 설명서

자세한 설명서가 제공된다. 교사가 설명하고 진행할 수도 있고, 학생 스스로가 이해한 것을 바탕으로 설명한 후 게임을 진행해도 좋다. 게임을 바탕으로 이루어지는 수업은 언제나 즐겁다.

 보드게임은 오프라인에서만 가능하다고?

온라인 수업에서도 보드게임은 소통의 도구로 활용 가능하다.

1. 탄소제로 도전 게임

탄소중립을 위한 다양한 실천 방안을 살펴보고 카드에는 없지만 탄소중립을 위한 좋은 행동을 찾아서 직접 카드로 만들 수 있다. 탄소중립 실천 카드의 내용을 바탕으로 가정에서 할 수 있는 탄소중립 실천 일지를 구성하고 온라인 수업 기간에 가정에서 실천해볼 수도 있다.

2. 인간의 욕심과 탄소배출 게임

온라인 수업 중에 카드에 제시된 탄소배출이 많은 산업에 대해서 파악하고, 연구 및 탐구 주제 활동으로 실제 탄소배출이 많은 산업의 실태를 조사하여 보고서로 작성해볼 수 있다.

3. 너 있지? 기후 환경 게임

지역별 다양한 기후 특징을 이해하는 활동으로 카드를 활용할 수 있으며, 온라인 수업에서는 해당 기후 카드들을 보여주고 맞히는 퀴즈 활동이나 기후변화로 해당 기후 지역이 어떻게 변화할지에 대해 예측하는 활동으로 연결해볼 수 있다.

1장

게임으로 기후변화를 극복하자

기후변화에 대한 관심이 높아지고 있다. 코로나19로 인해 인류의 생존이 위협받고 있는 상황에서 이것을 능가하는 위기로 기후변화를 꼽는 전문가들이 늘고 있다.

　기후변화는 우리 삶과 밀접한 주제인 만큼 회피하거나 외면할 수도 없다. 기후변화 문제를 해결하고 싶지만 어디서부터 시작해야 할지 모르는 사람도 많다. 기후변화의 원인이 무엇인지 또 해결 방안은 어떤 것이 있는지 궁금하지만 딱히 공부해야 할 필요성은 느끼지 못하는 사람들이 많다. 물론 관련 지식을 안다고 해서 실천하는 것은 아니지만 모르는 상태에서 노력하기란 요원한 일이다. 그래서 우리는 이 문제에 대해 알려야 한다.

　이 책은 가볍고 소소하지만 담고 있는 의도가 가벼운 것은 결코 아니다. 다만 게임을 하면서 자연스럽게 기후변화에 관심을 가지고 일상에서 할 수 있는 작은 실천 방법을 찾을 수 있다. 이 책은 사람들의 작은 출발을 기대한다.

기후변화가 심각한 문제라는 이야기를 자주 듣지만 구체적으로 어떤 상황인지 알고 있는 사람은 별로 없다. 차근차근 살펴보고 깊이 공부하기에 앞서 마음의 준비가 필요하다. 일단 관심이 생기면 그다음은 누가 시키지 않아도 스스로 하게 된다.

기후변화가 무엇인지 아는 것이 필요해

기후변화에 대해 이야기하기에 앞서 기후가 무엇인지에 대해 알아야 한다. 흔히들 날씨와 기후를 혼동하는데 2가지는 엄연히 다르다. 날씨는 특정 장소와 시간에 나타나는 일시적인 대기 상태를 말한다. 이와 달리 기후란 장기간에 걸쳐 매년 반복되는 평균적인 기상 상태를 말한다. 하루의 기상 상태를 말하는 날씨와 달리 기후는 장기간 반복되는 개념이기 때문에 우리나라의 기후가 여름에는 덥고 습하며, 겨울에는 춥고 건조하다고 말할 수 있다.

그렇다면 기후변화란 어떤 의미일까? 기후변화는 최소 30년 또는 그 이상의 장기간 동안 반복되던 기후의 상태가 변하는 것이라고 정의할 수 있다. 예컨대 우리나라는 봄, 여름, 가을, 겨울의 사계절이 뚜렷한 기후인데 여름과 겨울만 존재하게 된다면 기후변화가 나타난 것이다. 지구온난화는 대표적인 기후변화 현상이며 인간 활동의 영향으로 심화되고 있기 때문에 이를 해결하기 위한 노력이 필요하다.

산업혁명 이전과 비교했을 때 현재 지구의 기온은 이미 1도나 상승했으며 지속적으로 이산화탄소를 감축하지 않고 지금처럼 배출한다면 2100년에는 평균온도가 3~5도 이상 상승할 수 있다고 한다. 이러한 온도 상승은 위도에 따른 기후 분포의 근간을 흔들어놓을 기후변화를 초래하고 현재의 생태계에 기반하여 살고 있는 인류 전체에 큰 위기를 가져오거나 극단적으로는 인류 멸망에 이를 수도 있다. 우리가 기후변화에 주목해야 하는 이유가 여기에 있다. 기후변화는 우리의 현재와 미래의 삶에 결정적인 영향을 미친다.

그런데 기후는 원래 변하지 않을까? 오랜 지구의 역사에서 기후는 늘 변해왔으니 앞으로도 변하지 않을까? 인류는 빙하기와 간빙기라는 큰 기후변화를 거치면서도 살아남았는데 현재의 기후변화가 그렇게 심각한 것일까?

일단 지구 내부의 시스템에 의해 자연적으로 나타나는 기후변화가 지구의 역사와 함께해왔다. 오랜 시간에 걸쳐 자연적인 변화가 계속되어 온 것이다. 그런데 이 변화에 비해 최근에 나타나는 인위적인 기후변화는 지구의 역사에서 전례를 찾아볼 수 없을 만큼 빠르고 광범위하게 지구환경을 변화시키고 있다.

기후변화를 이야기할 때 대표적인 것은 지구온난화인데, 산업혁명 이후 인류가 배출하는 온실가스의 양이 증가해 지구의 평균기온이 1도 올랐다는 것이다. 겨우 1도가 올랐을 뿐인데 전례없는 급격한 변화라고 한다. 온도 1도가 오른 것이 정말 그리 큰 변화인지 의심스러운 생각이 들 수 있다. 하루에도 10도 이상 기온차가 나타날 때도 있는데 말이다.

지구온난화로 단순히 평균기온만 1도 올라간 것으로 오해해서는 곤란하다. 평균값이 오르면서 일정한 편차를 유지한다고 해도 극값의 빈도가 달라질 수 있다. 즉, 폭염, 한파, 폭우나 극심한 가뭄 같은 극한의 기후변화가 나타나는 지역이 증가한다는 말이다.

또 한 가지 고려할 사항은 지구의 평균기온이 1도 올라갔다는 것은 지구상의 모든 지역에서 균일하게 1도씩 올라갔다는 의미가 아니라는 것이다. 지역에 따라 온도 변화가 다르며 공간적으로 균일한 변화가 나타나는 것이 아니다. 이렇듯 지역적 편차가 심해지면 기후 시스템이 변화하고 해양과 대기 순환이 교란되어 전례 없던 기후를 만들어내는 등의 연쇄 작용이 일어날 수 있다. 자연 생태계는 급격한 변동에 취약하고, 인류는 이 생태계 속에서 살아가고 있음을 망각해서는 안 된다.

뻔하고 당연한 기후변화의 원인을 알자

오랜 지구의 역사에서 자연적 기후 변동성을 조사한 결과 기후변화에 다양한 원인이 있음을 알게 되었다. 태양의 활동이나 지구의 공전궤도 변화부터 화산 폭발과 지구 내부의 해양 순환에 이르기까지 여러 원인으로 기후는 오랜 기간 변화해왔고 앞으로도 변화할 것이다.

그렇다면 인위적인 기후변화의 원인은 무엇일까? 이미 반세기 전부터 화석연료는 지구온난화와 관련된 온실효과의 주범으로 지목되어왔다. 대기권 내 이산화탄소 배출량은 석탄, 석유, 천연가스와 같은 화석 유기물의 연소량에 비례해서 증가했다. 산업혁명을 기점으로 엄청난 양의 석탄이 연소되었고 그로 인한 환경적 영향이 현재까지 지속적으로 나타나고 있다.

화석연료는 현존하는 가장 오래된 천연물질 중 하나로 식물과 동물 같은 유기체의 잔해 화석이 수백만 년 동안 지각에서 높은 온도와 압력에 의해 분해되는 과정을 거쳐 형성되었다. 대표적인 화석연료로는 석유와 석탄 그리고 천연가스가 있는데, 이들은 현재 인류가 사용하는 전체 에너지의 대부분을 차지한다.

화석연료를 태우면 온실효과의 주요 원인인 이산화탄소가 배출된다. 인간이 배출한 이산화탄소가 온전히 지구에 축적되었다면 인류는 벌써 멸망했을지도 모른다. 다행히 자연은 인간이 만들어낸 이산화탄소를 숲이나 늪지를 통해서 흡수해왔다. 하지만 산업혁명 이후 인간이 만들어낸 이산화탄소 배출량은 자연의 흡수량을 넘어섰고 흡수되지 못한 이산화탄소가 그대로 남아 대기에 축적되었다. 이렇게 축적된 이산화탄소는 지열을 대기권 안에 가두는 역할을 함으로써 지구의 온도를 높이는 결정적 요인이 되었다.

현재 전 세계적으로 약 500억 톤의 온실가스를 배출하고 있고 기후 위기에 대응하기 위해 탄소중립 정책을 추진 중이다. 어디서 얼마나 온실가스가 배출되는지를 살펴보고 각 분야에 맞는 감축 방안을 마련하는 것은 중요한 문제다.

산업 생산, 수송, 건물 냉난방 등 에너지 사용으로 인한 온실가스 배출이 전체 배출량의 70퍼센트 이상을 차지하고 있다. 그다음으로 농업과 축산, 산림과 토지 이용으로 배출된 온실가스가 거의 20퍼센트에 가깝다. 특히 철강, 화학 및 석유화학은 에너지 사용이 많은 대표적인 산업이다.

그렇다면 산업혁명 이후 이산화탄소 배출량이 증가했다는 증거는 무엇일까? 앞서 살펴본 바와 같이 화석연료 연소와 산림 벌채는 온실가스 방출로 이어진다. 2가지 활동 모두 19세기 이후에 폭발적으로 증가했기 때문에 같은 기간 동안 대기 중 이산화탄소가 증가한 것은 놀라운 일이 아니다. 이 여분의 이산화탄소가 어디에서 왔는지 명확하게 알아보자.

화석연료를 태울 때 생성되는 탄소에는 독특한 화학적 특성이 있다. 나무의 나이테와 극지방의 얼음에는 모두 대기화학의 변화가 축적되어 있다. 조사 결과, 특히 화석연료에서 나온 탄소가 1850년 이후 크게 증가한 것으로 나타났다. 분석에 따르면 80만 년 동안 대기 중 이산화탄소의 농도는 300ppm 이상으로 큰 변화가 없었다. 그러나 산업혁명 이후 거의 420ppm에 달하는 수준으로 치솟았다. 결론적으로 인간의 화석연료 사용이 기후변화, 즉 지구온난화의 결정적 원인이 된 것이다.

또 다른 주요 원인도 있다. 기후변화를 이야기할 때 화석연료를 사용하는 공장과 교통수단에서 나오는 배기가스가 가장 주요한 원인으로 지목되지만 축산업이 야기하는 온실가스 배출도 간과할 수 없는 수준이다.

우선 목장을 만들기 위해서는 목초지가 필요한데 산을 깎거나 벌목하는 과정에서 숲이 훼손된다. 대표적인 곳이 지구의 허파라고 불리는 아마존의 열대우림이다. 가축을 키우기 위해서는 먹이를 위한 식량 재배지도 필요하고 가축은 많은 양의 물을 마셔야 한다. 더불어 가축의 배설물은 환경오염뿐만 아니라 메탄가스도 배출하여 지구온난화를 부추긴다. 과학자 중에는 교통수단에서 나오는 배기가스보다 가축과 식물을 키울 때 발생하는 온실가스가 더 심각하다고 주장하기도 한다. 가축이 내뿜는 메탄가스는 이산화탄소보다 지구온난화 지수가 21배나 더 높다.

궁극적으로 인간은 생존에 필요한 재화와 서비스를 얻기 위해서 에너지를 사용할 수밖에 없다. 이 과정에서 숲이 파괴되고 화석연료가 사용되어 이산화탄소가 배출된다. 하지만 증기기관이라는 기술 발명과 목축업의 확대가 기후 위기를 초래했다고 단순하게 생각해서는 안 된다. 필요 이상으로 더 많이 생산하고 판매하지 않으면 경쟁에서 살아남지 못하는 자본주의에 기반한 인간의 욕심에 대해서도 되돌아봐야 한다. 원인을 알면서도 해결하지 못하는 이유가 여기에 있는 것이다.

기후변화가 인류에게 미치는 영향은?

기후변화, 즉 지구온난화는 고산 지대의 만년설, 영구 동토층, 그린란드와 남극 대륙의 거대한 빙산, 북극 해빙 등 지구상의 얼음이 빠르게 사라지는 현상과 전 세계 바다의 평균 해수면 상승, 전 지구적인 물 순환 변화에 따른 강수 패턴 변화 등 전반적인 지구환경의 변화를 초래하고 있다.

지구환경의 변화는 가뭄, 폭염, 폭우, 폭설, 한파와 같은 기상이변과 극한기후는 물론 산불, 홍수, 산사태, 태풍, 해일 등 각종 자연재해를 일으킨다. 아울러 생태계 전반에 변화가 생겨 지구상 동식물의 생존이 위협받고 생물 다양성이 훼손된다. 인류 또한 그 피해를 피할 수 없다. 기후변화로 식량 생산에 차질이 생기고 대규모 기후 난민이 발생하고 있는 것이다.

기후변화의 대표적인 사례로, 2020년 시베리아가 38도까지 올라가 135년 만에 역대 최고 기온을 기록했으며, 지중해 지역도 유례없는 폭염과 기온 상승이 나타나고 있다. 세계은행은 2050년이면 기후 난민이 1억 4,000만 명까지 발생할 수 있다고 전망했다.

닭이 먼저인지 달걀이 먼저인지에 대한 논쟁처럼 숲이 파괴되어서 기후변화가 심화되었는지 기후변화로 인해 숲이 파괴되었는지를 따지는 것은 무의미하다. 숲은 기후 조절, 이산화탄소 흡수, 자연재해 완충, 야생동물 서식처 제공을 비롯해 인류 생존에 필수적인 자원을 제공해왔다. 기후변화로 가뭄이 지속되면서 산불의 위험성이 증가하고 산불에 의해 발생한 다량의 탄소가 기후변화를 더욱 심각하게 만드는 악순환을 일으키고 있다. 결국 기후변화로 숲이 파괴되고 숲의 파괴가 기후변화를 앞당기고 있다.

극지방의 빙하도 심각하게 감소되고 있다. 북극의 해빙(海氷)은 해양 생태계에도 영향을 미칠 뿐만 아니라 태양에너지를 반사해 지구가 뜨거워지는 것을 막는 역할을 충분히 하지 못하고 있다. 남극도 마찬가지로 거대한 빙벽에서 쉴 새 없이 얼음 조각들이 떨어져 나가고 있다. 남극 빙하의 해빙 속도가 지금과 같은 추세로 진행될 경우 2100년에는 해수면이 2m 가까이 상승해 지구 곳곳이 해안 저지대 침수 피해는 물론 가뭄과 폭풍 등 자연재해의 피해도 더욱 심각해질 전망이다.

지구환경의 변화에 대해서는 지구에 사는 인류 누구도 자유로울 수 없는 문제다. 알고 보면 기후는 각종 사회경제적 문제들의 이면에서 대립과 갈등을 심화하는 요인으로 작용한다. 식량 부족 문제와 자원 배분을 둘러싼 갈등과 분쟁은 전쟁을 유발하고 이로 인한 난민 문제를 촉발하고 있다. 각국은 기후변화로 인한 분쟁과 갈등을 막기 위해 군사적 비용을 늘릴지 기후변화 해결을 위한 비용을 늘릴지 선택해야 한다. 기후변화는 공짜로 해결되지 않는다. 결국 각국은 문제 해결을 위해 막대한 비용을 지불해야 한다.

기후변화 해결 방안, 궁극적으로 무엇을 해야 할까?

탄소중립이란 온실가스 배출량이 전 지구적 이산화탄소 흡수량과 균형을 이뤄 대기 중 이산화탄소 농도가 더 높아지지 않도록, 즉 이산화탄소 순배출량이 '0'이 되도록 하는 것을 말한다.

과학자들은 2030년까지 이산화탄소 배출량을 제로(0)로 만들어야 한다고 주장한다. 그러기 위해서는 지금 당장 화석연료 사용량을 감축하여 10년 안으로 대기 중에 남아 있는 탄소배출량과 대기권에 흡수되는 탄소량을 맞춰야 한다. 이것이 탄소중립이다. 조금 더 구체적으로 말하면 이산화탄소 배출량을 줄이고 숲을 조성하거나 '이산화탄소 포집' 기술 등을 개발해 배출된 이산화탄소를 흡수해야 한다.

이산화탄소 배출량을 제로로 만들면 되는데 무엇이 문제일까 하고 단순하게 생각할 수 있지만 실상은 그렇지 않다. 전 인류에게 필요한 재화와 서비스를 생산하기 위해서는 엄청난 에너지가 필요하다. 에너지를 생산하는 과정에서 많은 양의 탄소가 배출될 수밖에 없다. 인류는 살아가기 위해 어쩔 수 없이 탄소를 배출할 수밖에 없는 것이다.

인류는 산업혁명 이후 물질적 풍요를 누려왔다. 하지만 풍요의 대가로 지구환경이 심각하게 훼손되었으며 그 책임을 누군가는 져야 한다. 그런데 현세대의 인류는 그 책임을 미래 세대에 지우려 하고 있다. 지구가 감당할 수 있는 양보다 많은 탄소를 배출하고, 지구가 제공하는 자원보다 더 많은 자원을 초과 사용해 미래 세대가 이를 감당해야 하는 것이다. 기후변화 문제는 수십 년 전부터 과학자들이 경고해왔으며 해결책도 명확하지만 각국 정부가 소극적 대응으로 일관하다 이제는 물러설 곳이 없는 상황에 이르렀다. 탄소중립을 달성하는 과제를 더 이상 미래 세대에 미뤄서는 안 된다. 현세대인 우리가 지금 당장 문제 해결에 나서야 한다.

기후변화 해결을 위한 구체적 실천 방안, 내가 할 일은?

기후변화를 막기 위해 내가 할 수 있는 일과 우리가 할 수 있는 일들을 알아보자. 더 이상 미룰 수 없는 탄소중립 달성을 위한 구체적인 방법으로 어떤 것이 있을까? 우선 화석연료의 사용을 제한하는 새로운 법과 제도를 통해서 탄소배출을 줄여야 한다. 또 신재생에너지 전환을 위한 투자를 늘리고 선진국들은 발전된 기술을 국제적으로 공유해야 한다. 사람들의 습관도 바뀌어야 한다. 불필요한 소비를 줄이고 에너지를 절약하고 올바른 과정으로 생산된 제품을 사용해야 한다. 지속 가능한 발전 계획을 수립하고 탄소중립 완성을 위해 지속적인 관심과 참여가 필요하다.

그렇다면 일상에서 우리가 실천할 수 있는 구체적인 방안을 모색해보자.

1. 개인 컵 사용하기

국내에서 소비되는 종이컵은 연간 약 260억 개로 하루에 7,100만 개꼴로 사용된다. 더 심각한 것은 그중에는 안쪽이 폴리에틸렌으로 코팅되어 재활용이 불가능한 것이 많아 실질적으로 재활용률이 매우 낮다는 점이다. 최선의 방법은 종이컵 사용을 자제하고 개인 컵을 사용하는 것이다. 일회용품 사용은 생산과 처리 과정 모두에서 과도한 에너지 사용을 촉발하여 탄소배출과 밀접하다는 것을 기억하자.

2. 플라스틱과 비닐 사용 자제하기(친환경 에코백 사용하기)

매년 생산되는 플라스틱의 3분의 1 이상은 페트병, 비닐봉지와 같은 포장재인데, 이들 대부분은 사용과 동시에 쓰레기가 된다. 더불어 플라스틱은 목적에 따라 재질도 다양한데 실질적으로 재활용이 어려운 플라스틱으로 생산된 것들이 많다. 플라스틱은 생분해되지도 않고 한번 생산된 플라스틱은 수백 년 동안 지구환경을 오염시킨다.

3. 물건을 아껴 쓰고 쓰레기 배출 줄이기, 재활용을 위한 분리배출 제대로 하기

인간이 사용하는 수많은 자원은 결국 쓰레기가 된다. 하지만 간단한 방법만으로도 충분히 자원을 아낄 수 있으며 분리배출만 제대로 해도 많은 쓰레기를 재활용할 수 있다. 자원을 가공해서 제품을 생산하는 것뿐 아니라 쓰레기를 처리하는 데도 많은 탄소가 배출된다는 점을 다시 한 번 상기하면 내가 사용하는 모든 물건을 소중하게 사용하는 습관을 실천하게 될 것이다.

4. 과도한 육식 자제(올바른 식습관 가지기) 및 음식물 쓰레기 줄이기

전 세계의 많은 토지가 가축 사육을 위해 개간되고 있으며 이것은 결국 탄소를 흡수하는 삼림 파괴의 주된 요인이 된다. '2019년 기후변화정부간협의체 특별 보고서'에서도 채식을 늘리는 것만으로 지구온난화를 최대 20%까지 줄일 수 있다고 전망했다. 당장 채식만 하자는 것이 아니라 과도한 육식을 자제하고 음식물은 먹을 만큼만 소비하는 습관이 필요하다.

5. 대중교통 이용하기 및 걷고 자전거 타기

전 세계 온실가스의 16%가 교통수단에서 나온다. 자동차, 기차, 선박, 비행기 등은 대부분 화석연료인 석유를 이용한다. 이러한 교통수단의 이용은 석유의 고갈을 촉진하며 배기가스와 온실가스를 배출하여 공기 오염과 지구온난화를 가속화한다. 아침 등교에 자동차 대신 자전거를 타거나 걸어다니면 온실가스 배출도 줄이고 건강도 챙길 수 있다. 진정한 실천은 할 수 있는 것부터 시작하는 것이다.

6. 적정 실내 온도로 맞추기 및 내복 입기

겨울철 적정 실내 온도는 몇 도일까? 정답이 있는 건 아니지만 정부와 지자체에서는 20도 이하를 권장한다. 실내 온도는 평균 18~20도가 적절하며 냉방온도를 높이고 난방온도를 낮출 때마다 탄소배출량이 감소한다. 지구온난화로 여름에는 폭염, 겨울에는 한파가 빈발하고 있다. 폭염과 한파에 냉 · 난방기를 사용하다 보니 에너지 사용량도 덩달아 증가하고 다시 기후변화를 유발하는 악순환이 반복된다. 이 악순환의 고리를 끊기 위해서라도 우리 집과 교실을 적정 온도로 유지해야 한다.

7. 물 아껴 쓰기(절수 설비 및 기기 설치)

우리나라 국민 1명이 하루 평균 사용하는 수돗물이 295ℓ에 달하는 것으로 조사됐다. 또한 코로나19 여파로 가정용 수돗물 사용량이 증가했다.

우리가 사용하는 수돗물은 부유물 제거, 여과, 오존 및 염소 살균 등의 생산 과정을 거쳐 각 가정에 공급된다. 우리가 안심하고 깨끗한 수돗물을 사용하기 위해서는 많은 에너지가 소모될 수밖에 없다. 그 결과 수돗물 1㎥를 만드는 데 332g의 온실가스가 발생한다. 우리가 물을 절약해야 하는 이유가 여기에 있다.

8. 신재생에너지 중심으로 바꾸기(신재생에너지 생산 시설 확충)

신재생에너지는 여러 제약 조건에도 불구하고 화석연료 고갈 문제와 탄소배출 문제에 대한 핵심 해결 방안이라는 점에서 선진국들은 과감한 연구개발과 보급 정책을 추진하고 있다. 신재생에너지는 신에너지와 재생에너지를 합쳐서 부르는 말이다. 신에너지에는 수소에너지, 연료전지, 석탄 액화·가스화 등이 있으며, 재생에너지는 햇빛, 물, 지열, 강수, 생물 유기체 등의 자연계를 이용하여 생산하는 에너지를 말한다. 지속 가능한 발전을 위해 인류가 찾은 대안을 함께 연구하고 발전시켜야 할 책임이 여러분에게 있다.

9. 에너지 및 전기 절약하기

화석연료는 탄소배출의 주요 원인이며 대부분의 화석연료는 에너지를 생산하는 데 소모된다. 에너지 및 전기를 절약하는 행동은 바로 탄소배출을 줄이는 직접적인 행동이다. 우리가 자주 쓰는 컴퓨터에 절전 기능을 사용하고 안 쓰는 콘센트는 뽑아둔다. 승강기 대신 계단을 이용하며 승강기 저층 사용을 자제하고 격층으로 운행한다. 전자

제품도 에너지 소비 효율 등급을 확인하고 구매한다.

　이 책에서는 소소하지만 의미 있는 변화를 위해 다음과 같은 보드게임을 선보인다.
　'탄소제로 도전 게임'은 학생들에게 탄소중립 및 기후변화에 대한 인식을 제고하고, 기후변화 대응을 위한 생활 속 실천 방안을 구체적으로 탐색할 수 있게 구성했다. 게임에서 알게 된 실천 방안을 몇 가지라도 실행할 수 있다면 더 이상 기후변화 문제에 대해 방관자가 아니라 참여자로 거듭날 수 있다.

　'인간의 욕심과 탄소배출 게임'에서는 탄소배출이 많은 산업 사례를 구체적으로 살펴보고 그 대안 산업까지 모색한다. 게임을 통해 인간의 무한한 욕구를 체험하고 지속 가능한 발전을 위해 우리가 어떤 태도를 가져야 하는지 고민해본다. 기후변화 문제 해결을 위한 바람직한 마음가짐을 함께 모색해볼 수 있다.

　'너 있지? 기후 환경 게임'에서는 우리가 살고 있는 세계의 기후 특징 및 경관을 이해하고 각 기후대별로 나타나는 환경문제 및 원인을 파악한다. 기후는 열대, 온대, 냉대 등 위도에 따라 평균적으로 나타나는 특성이 있는데 환경오염과 지구온난화의 심화로 이변이 속출하고 있다. 아름다운 지구의 모습을 기억하고 생태계를 지키고 보존하기 위한 주인공이 되기를 기대한다.

* 참고자료

서형석,《기후 위기, 마지막 경고》, 문예춘추사, 2021.

최원형,《달력으로 배우는 지구환경 수업》, 블랙피쉬, 2021.

남성현,《2도가 오르기 전에》, 애플북스, 2021.

공윤희, 윤예림,《오늘부터 나는 세계시민입니다》, 창비, 2021.

2장

기후 환경 보드게임

게임으로 기후변화 문제 해결에 동참해보자!

기후변화 문제 해결에 언제부터 참여해야 하는지 고민할 시점은 끝났다. 당장 시작해야 한다. 이제는 언제가 아니라 어떻게 할 것인가를 고민해야 한다. 하지만 우리는 여전히 머뭇거리고 있다. 기후변화 문제에 대해 심각하게 생각하고 고민하는 태도도 필요하지만 관심을 가지고 우리 일상에서 할 수 있는 것들을 당장 실천해야 한다.

게임을 통해서 다음과 같은 목표를 달성하기를 기대해본다.

첫째, 아름다운 우리 지구의 참모습을 깨닫고, 기후대별 다양한 생태계와 인류의 삶을 지킬 수 있는 마음을 가지기를 희망한다. 열대기후의 울창한 열대우림과 냉대기후의 침엽수림이 인류와 함께했으면 하는 바람이다.

둘째, 기후변화의 원인이 인간의 지나친 욕심에 있음을 인식하고, 환경과 인간이 공존할 수 있는 지속 가능한 수준을 유지하려는 태도를 배웠으면 한다. 인류가 황금알을 낳는 거위의 배를 가르는 우를 범하지 않고 계속해서 행복하기를 바란다.

마지막으로 기후변화를 위해 우리가 할 수 있는 실천 방안을 구체적으로 인식하고 기후변화를 막는 데 기여하는 세계 민주시민으로 성장하기를 바란다. 지구의 주인이 우리라는 사실을 잊지 말고 방관자가 아닌 실천가로 거듭나기를 기대한다.

놓쳐버린 시간들은 돌아오지 않는다.
놓칠 시간은 다가오고 있다.
후회하지 않도록 다가올 미래를 준비해보자.

탄소제로 도전 게임

학습 목표

탄소중립을 위해 우리가 할 수 있는 실천 방안을 찾고 제시할 수 있다.

- **지식정보 처리 역량**

  기후변화 문제의 정의, 원인 및 해결책을 알 수 있다.

- **공동체 역량**

  탄소중립을 위한 해결 방안에 능동적으로 참여할 수 있다.

- **의사소통 역량**

  기후변화 문제를 주변에 적극적으로 알릴 수 있다.

준비물(활동 자료는 60쪽 참조)

탄소 카드(탄소중립 카드 포함) 56장, 탄소제로 카드 6장, 탄소 카드 여분 4장

학습 절차

도입	○토의를 통해 기후변화의 정의를 함께 도출한다. ○탄소중립을 위한 실천 방안을 함께 찾아본다. - 검색하기, 브레인스토밍 등

진행	○게임 목표 제시
	 : 탄소중립을 위한 구체적인 실천 방안을 제시할 수 있다.
	○게임 준비
	① 2~4명을 한 모둠으로 구성한다.
	② 게임 설명서를 나눠주고 게임 방법을 안내한다.
	○게임 진행 과정
	① 탄소 카드를 섞어서 더미를 만들고 6장씩 나눠 갖는다.
	② 더미에서 카드 1장을 꺼내 바닥에 펼친다.
	③ 자기 차례가 되면 다음 규칙에 따라 행동한다.
	 - 바닥에 펼쳐진 카드보다 더 작은 숫자의 카드를 버릴 수 있다.
	 - 새출발 카드를 버릴 수 있다.
	 - 새출발 카드가 바닥에 펼쳐진 경우 원하는 카드를 버릴 수 있다.
	 - 탄소배출 0 카드 다음에는 반드시 50 카드 또는 새출발 카드를
	   버려야 한다.
	 - 버릴 카드가 없으면 더미에서 카드를 1장 가져온다.
	 - 자신이 손에 쥔 탄소 카드 점수의 합을 벌점으로 받고 게임을 포기한다.
	④ 한 사람이라도 손에 쥐고 있는 카드를 모두 내려놓거나 게임을 포기해 참여자가 혼자 남을
	   경우에 게임은 종료된다.
	⑤ 3회의 게임을 진행하고 벌점이 가장 적은 사람이 최종 우승자가 된다.

마무리	○게임 내용 분석 및 공유하기 ①카드 내용을 분석해서 탄소중립을 위한 실천 방안을 도출한다. ②도출한 실천 방안을 바탕으로 탄소중립 실천 계획표를 작성한다.

학습 도움말

1. 게임 활용 시점

기후변화 및 탄소중립에 대해 공부하기 전에 게임을 진행하면 학습할 내용을 미리 살펴보는 비계 역할을 할 수 있다. 학습 이후 게임을 활용하면 학습 내용을 정리하고 구체적인 실천 방안을 도출하는 데 도움이 된다.

2. 게임 카드 살펴보기

탄소배출 0~10까지는 탄소중립을 위해 긍정적인 것들을 제시하고 20~50까지는 탄소중립에 부정적 영향을 미치는 것들을 제시한다. 게임 이후 20~50까지를 어떻게 하면 긍정적인 모습으로 바꿀 수 있을지에 대해 함께 토의한다. 예컨대 운전 시 급제동이나 급출발을 하지 않거나 경제속도 유지하기를 제시할 수 있다.

3. 게임 규칙 해설

게임 규칙 중에는 '게임 포기하기'가 있다. 현재 손에 쥐고 있는 카드의 탄소배출량이 적어 게임을 멈추는 것이 더 유리할 경우 포기하기를 선택할 수 있다. 현실에서 탄소중립을 위해 멈춰야 할 타이밍을 결정하는 경험을 하기 위한 규칙이다.

4. 탄소중립 실천 카드 추가하기

학생들이 학습 과정에서 탄소중립을 위한 실천 방안 및 부정적 요인을 추가적으로 발견한 경우 여분의 카드에 직접 내용을 기록하고 추가해서 게임을 진행할 수도 있다.

5. 학습 효과를 극대화하려면

학생들이 게임에만 몰입하다 보면 탄소중립을 위한 실천 방안에 관심을 가지지 못할 수 있다. 따라서 게임에서 카드를 버릴 때 함께 사례를 읽고 실천 방안을 파악하는 과정의 중요성을 거듭 강조해야 한다. 더불어 게임 종료 이후 탄소중립을 위한 실천 방안에 대한 기록 및 공유가 진행된다는 사실을 미리 안내한다.

6. 수행평가 및 연계 활동

게임을 통해 알게 된 내용을 바탕으로 탄소중립 실천 계획표를 스스로 작성하고 일정 기간 동안 실천 과정을 기록하게 함으로써 배움과 삶을 연결한다.

탄소제로 도전 게임

탄소배출 상황판

차시	탄소 카드 내용(버리지 못한 카드 내용)	벌점
1차 게임		
2차 게임		
3차 게임		
합계		

탄소배출을 줄이기 위한 방법

예시) **엘리베이터 대신 계단 이용하기**		

학습 정리

탄소중립을 위한 구체적인 실천 방안을 제시하고 실천해봅니다.

탄소중립 실천 계획표

실천 기간		년 월 일 ~ 년 월 일
구분	**구체적인 실천 방안**	**실천 여부**
예시	비닐 사용하지 않기	실천 기간 동안 비닐을 사용하지 않고 에코백 사용함
01		
02		
03		
04		
05		
06		
07		
08		

나는 탄소중립을 위해 위의 사항을 충실히 실천할 것을 다짐합니다.

서명   (인)

자기-동료-교사 평가

1. 자기 평가에는 다음과 같은 내용을 떠올려 기록합니다.

• 게임 과정에서 잘한 것	• 게임 과정에서 좋았던 것	• 내 재능을 새롭게 발견한 것
• 내용에 대해 새롭게 발견한 것	• 감동 / 재미있었던 것	• 미래에 갖고 싶은 직업
• 더 알고 싶은 것(호기심)	• 친구에게 잘 설명한 것	• 어려움을 극복한 것(갈등 사례)

예) 나는 게임 과정에서 다른 사람의 심리를 잘 파악했다.(잘한 것→공감 능력, 분석력)

2. 동료 평가에는 다음과 같은 내용을 잘 관찰하여 기록합니다.

• 친구가 잘했다고 생각한 것	• 좋았다고 생각한 것	• 감동하고 만족한 것
• 평소와 다른 행동을 발견한 것	• 질문한 것	• 어려움을 극복한 것
• 협의하고 타협점을 찾은 것	• 미래에 잘할 것이라고 생각되는 직업	• 상대방에 대한 경청과 배려

3. 교사 평가는 교사가 게임 과정에서 발견한 내용을 기록합니다.

• 게임 과정에서 교사가 구체적인 역량 요소를 관찰하여 발견한 경우
• 게임 과정에서 학생이 교사에게 의미 있는 질문을 한 것
• 교사가 정의적인 부분에서 칭찬할 만한 경우

게임 활동 평가

자기 평가	동료 평가	교사 평가

 **평가 루브릭**

아래 내용을 참고하여 이 주제의 학습 활동에 대한 소감문을 써봅니다.

활동 주제		학번	
활동 일시		성명	

◎ 아래 항목 중 3~4개 정도를 선택하여 활동 소감문을 자유롭게 작성하세요.
- 나는 이 주제 활동에서 (   ) 역할을 수행했습니다.
- 나는 이 주제 활동에서 (   )에 관한 질문을 했습니다.
- 나는 이 주제 활동에서 (   ) 에 대해 배웠습니다.
- 나는 이 주제 활동 이후 (   )에 대해 더 알고 싶습니다.
- 나는 이 주제 활동에서 (   )이(가) 가장 재미있었습니다.
- 나는 이 주제 활동에서 (   )이(가) 어려워서 도움이 필요했습니다.
- 이 주제 활동에서 나에게 가장 중요한 것은 (   )이었습니다.
- 나는 이 주제 활동에서 (   )을(를) 새롭게 발견했습니다.

활동에 대한 평가

평가 요소	채점 기준		
기후 변화의 이해	기후변화 문제의 정의 및 원인에 대해 구체적으로 설명했다.	기후변화 문제의 정의 및 원인에 대해 대략적으로 설명했다.	기후변화 문제의 정의 및 원인에 대해 설명하지 못했다.
	10	6	2
탄소중립 실천 방안	탄소중립을 위한 구체적인 실천 방안을 다양하게 제시했다.	탄소중립을 위한 대략적인 실천 방안을 몇 가지 제시했다.	탄소중립을 위한 실천 방안을 제대로 제시하지 못했다.
	10	6	2

인간의 욕심과 탄소배출 게임

학습 목표

탄소배출의 원인과 해결책을 제시할 수 있다.

- **지식정보 처리 역량**

  탄소배출의 원인과 해결책을 설명할 수 있다.

- **공동체 역량**

  탄소중립을 위해 필요한 공동체 의식을 가질 수 있다.

- **의사소통 역량**

  기후변화와 탄소중립에 대해 친구들과 토의할 수 있다.

준비물(활동 자료는 83쪽 참조)

주사위 2개, 게임말, 게임판(3장 연결), 탄소배출권 카드 72장, 수익 카드 36장

학습 절차

도입	○토의를 통해 탄소중립을 위한 실천 방안을 모색해본다. ○탄소배출이 많은 산업과 대안을 함께 찾아본다. - 검색하기, 관련 도서 읽기 등
진행	○게임 목표 제시 　탄소배출의 원인과 해결 방안을 제시할 수 있다. ○게임 준비 　① 2~4명을 한 모둠으로 구성한다. 　② 게임 설명서를 나눠주고 게임 방법을 안내한다. ○게임 진행 과정 　① 1인당 탄소배출권을 40씩 받는다.(총 3회의 게임에 사용할 비용) 　② 첫 번째 게임을 시작하기 전에 이번 게임에서 사용할 탄소배출권 양을 결정한다. 　 - 개인별로 탄소배출권을 얼마만큼 사용할지 결정한다. 　 - 이번 게임에서 사용되지 못한 탄소배출권은 자동 소멸된다. 　 - 게임 중에는 사용하기로 결정한 탄소배출권을 자유롭게 신용거래할 수 있다. 　③ 주사위 2개를 던져서 말을 이동시키고, 수익 칸에 도착하면 수익 카드를 획득할 수 있다. 　 - 수익 카드는 색깔별로 더미를 만들고 해당 색깔의 수익 카드를 1장 받을 수 있다. 　 - 획득한 수익 카드는 돌아오기를 결정하기 전까지 뒷면(내용)을 볼 수 없다. 　④ 주사위를 던지기 전에 전진하기 대신 돌아오기를 선택할 수 있다. 　 - 돌아오기를 선택하면 다시 앞으로 전진할 수 없다. 　 - 돌아오기를 선택하면 게임말은 출발지 겸 도착지를 향해 돌아온다. 　⑤ 돌아오기를 선택하면 획득한 수익 카드의 내용을 확인한다. 　 - 돌아올 때는 매번 주사위를 던지기 전에 수익 카드에 적힌 탄소배출량의 합만큼 탄소배출 　　권을 지불해야 한다. 　 - 주사위 하나 빼기 또는 주사위 합에서 빼기와 같은 지시도 따라야 한다. 　 - 준비된 탄소배출권을 모두 소진하면 게임에서 탈락한다. 　 - 필요한 경우 신용을 이용해 다른 팀의 남아 있는 탄소배출권을 구매할 수도 있다. 　　(신용거래는 게임 종료 후 탄소배출권으로 지불한다.) 　 - 돌아오는 과정에서 수익 칸에 도착해도 수익 카드를 획득할 수 있다.

진행	⑥ 게임은 모든 플레이어가 탈락하거나 도착지로 돌아올 때까지 진행한다. 　- 도착지로 돌아오면 소지한 수익 카드에 적힌 수익을 얻는다. 　- 수익은 탄소배출권으로 지급된다. 　- 이번 게임에서 사용하기로 결정한 탄소배출권 중 남은 것은 자동 소멸된다. ⑦ 3회의 게임을 진행하고 가장 많은 탄소배출권을 가진 사람이 최종 승리한다.
마무리	○ 게임 내용 분석 및 공유하기 　① 게임 내용을 분석해서 탄소를 많이 배출하는 산업과 대안을 토의한다. 　② 고탄소배출 산업의 실태를 스스로 탐구해본다.

학습 도움말

1. 게임의 난이도 조절하기

게임 난이도를 높이려면 받기로 결정한 수익 카드를 중간에 버릴 수 없도록 하고, 난이도를 낮추려면 원할 때 언제든지 수익 카드 중 일부를 버릴 수 있도록 한다. 다양하고 색다른 게임을 위해 주사위를 추가하여 3개의 주사위를 이용하는 것도 가능하며, 반드시 붉은색 칸까지 전진했다가 돌아와야 하는 규칙을 적용할 수도 있다.

2. 수익 카드 살펴보기

수익 카드는 레드, 옐로, 그린으로 구성되어 있다. 탄소배출이 많은 산업은 붉은색(레드), 탄소배출이 적고 탄소중립을 위한 대안이 될 수 있는 산업은 녹색(그린)으로 구성했다. 노란색(옐로)은 현재의 대표적인 산업이다. 수익 카드는 게임 종료 이후 스스로 탐구 및 검색을 통해 탄소배출이 많은 산업에 대해 조사할 때 참고 자료가 된다.

3. 게임 핵심 규칙 해설

게임은 '전진하기'와 '돌아오기'로 구성되어 있다. 인류가 산업혁명 이후 화석연료를 폭발적으로 사용하면서 문명을 발전시켰던 것이 '전진하기'라면 탄소중립을 위해 탄소배출을 줄이고 새로운 출발을 하는 것은 '돌아가기'로 상징된다. 인간이 욕심을 버리고 돌아가기를 선택하는 과정을 게임을 통해 직접 체험하도록 구성했다.

4. 게임의 유의 사항

수익 카드에 적힌 탄소배출량은 게임을 위한 대략적인 수치로 과학적으로 완벽한 값이라고 할 수 없다. 정확한 통계값을 궁금해하는 학생들을 위해서는 이후 활동을 통해 그 값을 탐구하도록 한다. 더불어 탄소배출권 거래 및 탄소배출권이 가지는 경제적 효과에 대해 신문기사를 읽어보도록 안내한다.

5. 수행평가 및 연계 활동

게임을 통해 알게 된 내용을 바탕으로 탄소배출이 많은 산업과 그렇지 않은 산업을 파악하고, 4차산업혁명 시대의 새로운 산업이라는 관점에서 지속 가능한 발전을 위해 인류가 나아가야 할 방향에 대한 보고서를 쓸 수 있다. 더불어 탄소배출을 줄이면서도 인류에게 필요한 재화와 서비스를 생산하는 방법에 대해 학생들이 창의적인 아이디어를 산출할 수 있는 수행평가도 생각해볼 수 있다.

인간의 욕심과 탄소배출 게임

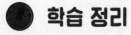 **학습 정리**

탄소중립을 위한 분야별 아이디어를 생각해보자

분야	창의적인 아이디어
에너지 생산	
제조업 및 농축산업	
교통 및 수송	
건축 및 건설	
여가 및 여행	

자기-동료-교사 평가

1. 자기 평가에는 다음과 같은 내용을 떠올려 기록합니다.

• 게임 과정에서 잘했던 것	• 게임 과정에서 좋았던 것	• 내 재능을 새롭게 발견한 것
• 내용에 대해 새롭게 발견한 것	• 감동하고 재미있었던 것	• 미래에 갖고 싶은 직업
• 더 알고 싶은 것(호기심)	• 친구에게 잘 설명한 것	• 어려움을 극복한 것(갈등 사례)

예) 나는 게임 과정에서 다른 사람의 심리를 잘 파악했다.(잘한 것→공감 능력, 분석력)

2. 동료 평가에는 다음과 같은 내용을 잘 관찰하여 기록합니다.

• 친구가 잘했다고 생각한 것	• 좋았다고 생각한 것	• 감동하고 만족한 것
• 평소와 다른 행동을 발견한 것	• 질문한 것	• 어려움을 극복한 것
• 협의하고 타협점을 찾은 것	• 미래에 잘할 것이라고 생각되는 직업	• 상대방에 대한 경청과 배려

3. 교사 평가는 교사가 게임 과정에서 발견한 내용을 기록합니다.

• 게임 과정에서 교사가 구체적인 역량 요소를 관찰하여 발견한 경우 • 게임 과정에서 학생이 교사에게 의미 있는 질문을 한 것 • 교사가 정의적인 부분에서 칭찬할 만한 경우

게임 활동 평가

자기 평가	동료 평가	교사 평가

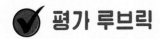 **평가 루브릭**

아래 내용을 참고하여 이 주제의 학습 활동에 대한 소감문을 써봅니다.

활동 주제		학번	
활동 일시		성명	

◎ 아래 항목 중 3~4개 정도를 선택하여 활동 소감문을 자유롭게 작성하세요.
• 나는 이 주제 활동에서 (   ) 역할을 수행했습니다.
• 나는 이 주제 활동에서 (   )에 관한 질문을 했습니다.
• 나는 이 주제 활동에서 (   ) 에 대해 배웠습니다.
• 나는 이 주제 활동 이후 (   )에 대해 더 알고 싶습니다.
• 나는 이 주제 활동에서 (   )이(가) 가장 재미있었습니다.
• 나는 이 주제 활동에서 (   )이(가) 어려워서 도움이 필요했습니다.
• 이 주제 활동에서 나에게 가장 중요한 것은 (   )이었습니다.
• 나는 이 주제 활동에서 (   )을(를) 새롭게 발견했습니다.

활동에 대한 평가

평가 요소	채점 기준		
게임 수행 및 참여 태도	능동적으로 의사 결정을 수행하고 게임에 적극적으로 참여하였다.	스스로 의사 결정을 수행하고 게임에 참여하였다.	의사 결정에 소극적이고 게임에 의욕적으로 참여하지 못했다.
	10	6	2
탄소중립 아이디어	지속 가능한 탄소중립 아이디어를 분야별로 타당하게 제시하였다.	타당한 탄소중립 아이디어를 분야별로 몇 가지 제시하였다.	탄소중립을 위한 아이디어를 제대로 산출하지 못하였다.
	10	6	2

너 있지? 기후 환경 게임

학습 목표

세계의 다양한 기후 특징 및 환경문제를 설명할 수 있다.

• 지식정보 처리 역량

　세계의 다양한 기후 지역 및 지역별 환경문제를 파악할 수 있다.

• 공동체 역량

　세계의 다양한 환경문제에 대해 공감할 수 있다.

• 의사소통 역량

　모둠원과 소통을 통해 세계 기후의 특징을 공유할 수 있다.

준비물(활동 자료는 119쪽 참조)

기후 카드 72장, 지구 카드 24장, 기후 카드 수집판(1명당 1장), 기억 보조판(필요한 사람만)

학습 절차

도입	○영상 및 자료를 통해 세계 기후의 특징을 확인한다. ○기후변화가 세계 기후에 미친 영향에 대해 기후별로 신문기사 및 자료를 탐색한다.
진행	○게임 목표 제시 　세계의 다양한 기후 특징 및 환경문제를 설명할 수 있다. ○게임 준비 　① 2~4명을 한 모둠으로 구성한다. 　② 게임 설명서를 나눠주고 게임 방법을 안내한다. ○게임 진행 과정 　① 플레이어는 각자 기후 카드 수집판을 자기 앞에 펼쳐둔다. 　② 카드(기후 카드와 지구 카드 섞은 것)를 5장씩 나눠주고 남은 카드는 가운데 더미를 만들어 　　둔다. 　③ 순서를 정하고 자기 차례에 다음과 같은 2가지 행동 중 1가지를 할 수 있다. 　- 자기 순서에 한 플레이어를 지목하면서 '너 ○○기후 있지?'라고 묻고 상대방 카드 획득하기 　- 지구 카드를 내려놓으면서 기능 적용하기 　④ 상대에게 지목되어 손에 있는 기후 카드를 넘겨주면 더미에서 카드를 가져와서 손에 있는 　　카드가 5장이 되도록 한다. 　⑤ 이미 보유하고 있는 기후 지역의 기후 카드도 추가로 획득할 수 있다. 　- 열대기후 카드가 있어도 또 수집할 수 있다.(3장 이상 수집 가능) 　⑥ 한 사람이 6종류의 기후 카드를 모두 수집하면 게임은 끝난다. 　- 이때 각자 모은 카드의 합이 점수가 된다. 　- 가장 먼저 6종류의 기후 카드를 모두 수집하면 보너스로 5점을 받는다. 　- 점수의 합이 가장 높은 사람이 승리한다.
마무리	○게임 내용 분석 및 공유하기 　① 카드의 내용을 통해 각 기후 지역별 특징을 정리한다. 　② 기후변화가 세계 기후에 미치는 환경문제에 대해 예측하고 발표해본다.

학습 도움말

1. 게임 난이도 조절하기

교사가 학생들의 수준을 고려해 알맞은 카드를 선별하여 진행할 수 있으며 6종류의 기후 카드를 모두 모으지 않고 5종류만 모으는 방식으로 난이도를 낮출 수 있다. 해당 게임을 진행하고 나서 기후 카드 중에 어렵거나 이해되지 않는 내용에 대해 함께 토의하고 교사가 설명해준다.

2. 다양하게 게임해보기

기후 카드 수집판에는 기본적으로 기후 카드를 3장씩 모을 수 있다. 기본 게임에서는 기후 카드를 무한대로 수집할 수 있고 1장씩 모두 모으면 게임이 종료되는 규칙을 변형해서 기후 카드를 최대 3장씩 모을 수 있고 추가로 수집된 기후 카드는 버리는 방법으로 진행해볼 수 있다.

3. 게임의 부가 효과

코로나19 이후 서로에 대한 관심과 정서적 유대가 약화되었다. 해당 게임은 카드를 획득하기 위해 '너 ○○기후 있지?'라고 말하는 과정에서 참여자들의 이름을 반복적으로 호명하면서 친밀감이 높아진다. 더불어 한 사람에게만 계속 편중되지 않도록 한다.

4. 유의 사항 및 기억 보조판 활용

한 학생이 집중적으로 지목되는 것을 방지하기 위해서는 3회 연속 한 사람을 지목하는 것을 금지하는 규칙을 설정할 수 있으며, 기억을 잘 못하는 사람을 위해 기억 보조판에 기록하면서 게임을 진행할 수 있다.

5. 수행평가 및 연계 활동

게임은 세계 기후의 특징과 더불어 각 기후대별로 나타나는 환경문제를 포함하고 있다. 기후별 특징과 환경문제를 기후변화와 연결하여 발표하거나 보고서를 작성하게 할 수 있으며 게임에 제시되지 않은 기후별 환경문제를 발굴하여 카드로 제작하는 추가 활동을 해볼 수도 있다.

자기-동료-교사 평가

1. 자기 평가에는 다음과 같은 내용을 떠올려 기록합니다.

• 게임 과정에서 잘한 것	• 게임 과정에서 좋았던 것	• 내 재능을 새롭게 발견한 것
• 내용에 대해 새롭게 발견한 것	• 감동 / 재미있었던 것	• 미래에 갖고 싶은 직업
• 더 알고 싶은 것(호기심)	• 친구에게 잘 설명한 것	• 어려움을 극복한 것(갈등 사례)

예) 나는 게임 과정에서 다른 사람의 심리를 잘 파악했다.(잘한 것→공감 능력, 분석력)

2. 동료 평가에는 다음과 같은 내용을 잘 관찰하여 기록합니다.

• 친구가 잘했다고 생각한 것	• 좋았다고 생각한 것	• 감동하고 만족한 것
• 평소와 다른 행동을 발견한 것	• 질문한 것	• 어려움을 극복한 것
• 협의하고 타협점을 찾은 것	• 미래에 잘할 것이라고 생각되는 직업	• 상대방에 대한 경청과 배려

3. 교사 평가는 교사가 게임 과정에서 발견한 내용을 기록합니다.

• 게임 과정에서 교사가 구체적인 역량 요소를 관찰하여 발견한 경우
• 게임 과정에서 학생이 교사에게 의미 있는 질문을 한 것
• 교사가 정의적인 부분에서 칭찬할 만한 경우

게임 활동 평가

자기 평가	동료 평가	교사 평가

너 있지? 기후 환경 게임

🔵 학습 정리

각 기후별로 발견한 기후 경관 및 특징을 바탕으로 기후변화가 해당 지역에 미칠 영향에 대해서 예측해봅니다.

구분	기후변화가 해당 지역에 미칠 영향
열대기후	
건조기후	
온대기후	
냉대기후	
한대기후	
고산기후	

구분	성취 수준	나의 수준
상	모든 기후의 특징과 기후변화를 정확히 예측한 경우	우수
중	3개 이상의 기후 특징과 기후변화를 예측한 경우	보통
하	2개 이하의 기후 특징과 기후변화를 예측한 경우	향상 필요

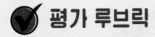 **평가 루브릭**

아래 내용을 참고하여 이 주제의 학습 활동에 대한 소감문을 써봅시다.

활동 주제		학번	
활동 일시		성명	

◎ 아래 항목 중 3~4개 정도를 선택하여 활동 소감문을 자유롭게 작성하세요.
• 나는 이 주제 활동에서 (   ) 역할을 수행했습니다.
• 나는 이 주제 활동에서 (   )에 관한 질문을 했습니다.
• 나는 이 주제 활동에서 (   ) 에 대해 배웠습니다.
• 나는 이 주제 활동 이후 (   )에 대해 더 알고 싶습니다.
• 나는 이 주제 활동에서 (   )이(가) 가장 재미있었습니다.
• 나는 이 주제 활동에서 (   )이(가) 어려워서 도움이 필요했습니다.
• 이 주제 활동에서 나에게 가장 중요한 것은 (   )이었습니다.
• 나는 이 주제 활동에서 (   )을(를) 새롭게 발견했습니다.

활동에 대한 평가

평가 요소	채점 기준		
기후의 특징 이해	세계 기후의 지역별 특징과 주민생활을 기후 조건과 연결해 구체적으로 설명하였다.	세계 기후의 지역별 특징과 주민생활을 기후 조건과 연결해 대략적으로 설명하였다.	세계 기후의 지역별 특징과 주민생활에 대해 제대로 설명하지 못하였다.
	10	6	2
기후별 환경문제	세계 기후의 지역별 환경문제를 기후변화와 연결해 구체적으로 제시하였다.	세계 기후의 지역별 환경문제를 기후변화와 연결해 대략적으로 제시하였다.	세계 기후의 지역별 환경문제를 기후변화와 연결해 설명하지 못하였다.
	10	6	2

활동 자료

게임 준비(모둠별)

1. 세팅
탄소 카드를 섞어서 더미를 만든다.

2. 시작
가위바위보 등을 통해 게임 순서를 정한다. 첫 번째 플레이어의 오른쪽 또는 왼쪽으로 진행한다.

게임 진행

3. 게임
1) 탄소 카드(새출발 카드 포함)를 섞어서 더미를 만들고 각각 6장씩 받는다.
2) 더미에서 1장을 꺼내 바닥에 펼쳐둔다.(출발점 카드 공개)
3) 자기 차례가 되면 다음 규칙에 따라 행동한다.(카드 버리기와 포기 선언)
- 바닥에 펼쳐진 카드보다 더 작은 숫자의 카드를 버릴 수 있다.
- 새출발 카드를 버릴 수 있다.(새출발 카드는 어떤 카드 다음에도 자유롭게 버리기 가능)
- 새출발 카드가 바닥에 펼쳐진 경우 원하는 카드를 버릴 수 있다.
- 탄소배출 0 카드 다음에는 반드시 50 카드 또는 새출발 카드를 버려야 한다.
- 버릴 카드가 없으면 더미에서 카드를 1장 가져와야 한다.
- (포기 선언) 자신이 손에 쥔 탄소 카드 점수의 합을 벌점으로 받고 게임을 포기한다.
4) 게임 종료 조건 : 한 사람이라도 손에 쥐고 있는 모든 카드를 내려놓거나 포기 선언으로 게임 참여자가 혼자일 경우 게임은 종료된다.
- 모든 카드를 내려놓은 사람은 보너스로 탄소제로(탄소-100점) 카드를 받는다.
- 포기 선언을 한 사람은 자기 손에 쥐고 있는 탄소 카드 점수의 합을 벌점으로 받는다.
- 버리지 못한 카드는 모두 벌점이 되며 버리지 못한 새출발 카드는 벌점 100점으로 계산된다.

게임 결과

4. 승리 조건
1) 3회 게임을 진행하고 받은 점수를 합산한다.
2) 최종적으로 합산한 점수(탄소배출량)가 가장 적은 사람이 승리한다.
- 점수 계산 시 보너스로 받은 탄소제로(탄소-100점) 카드도 포함한다.

탄소줄리 새돌반

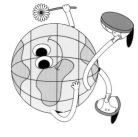

탄소줄리 새돌반

탄소줄리 새돌반

탄소줄리 새돌반

탄소줄리 새돌반

탄소줄리 새돌반

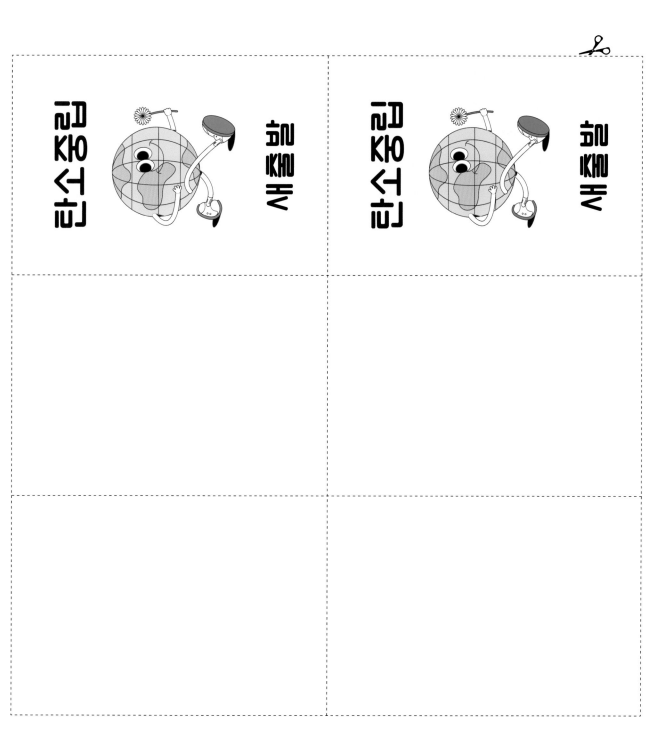

계단 이용

탄소배출 0

나무 심기

탄소배출 0

신재생에너지

탄소배출 0

녹색기술연구

탄소배출 0

자전거 타기

탄소배출 0

걷기

탄소배출 0

물품 아껴 쓰고
나눠 쓰기

탄소배출
0

생태관광

탄소배출
10

내복 입기

탄소배출
0

전기차 타기

탄소배출
10

개인컵 사용

탄소배출
10

대중교통

탄소배출
10

글걸푸드 제철 음식 섭취

탄소배출
10

재활용

탄소배출
10

샤워 시간 줄이기

탄소배출
10

물 낭비

탄소배출
20

절전 제품 사용

탄소배출
10

급제동·급출발 운전 습관

탄소배출
20

불필요하게
냉장고문 열기

탄소배출
20

불필요한
종이 사용

탄소배출
20

분리수거
안 하기

탄소배출
20

이메일
쌓아두기

탄소배출
20

전기밥솥
보온 유지

탄소배출
20

대기전력 방지

탄소배출
20

71

과도한
수입 식품 섭취

탄소배출
30

불필요한
야간조명 사용

탄소배출
30

1회용품 사용

탄소배출
30

과대 포장

탄소배출
30

과소비

탄소배출
30

비닐 사용

탄소배출
30

엘리베이터
이용

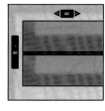

탄소배출
30

사용하지 않는
전자제품 켜두기

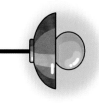

탄소배출
30

자가용 이용

탄소배출
40

지나친 냉난방

탄소배출
40

음식물 낭비

탄소배출
40

에너지 저효율
제품 이용

탄소배출
40

과도한 육식

탄소배출
40

플랜테이션 농업

탄소배출
40

늪지 파괴
탄소배출
40

에너지 비효율 건축 이용
탄소배출
40

고탄소배출산업 (알루미늄)
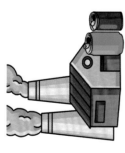
탄소배출
50

대규모 목축업

탄소배출
50

고탄소배출산업 (제철, 시멘트)

탄소배출
50

고탄소배출산업 (석유화학, 정유)

탄소배출
50

화력발전

탄소배출
50

고탄소배출산업 (플라스틱, 제지)

탄소배출
50

숲 파괴

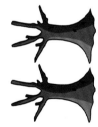

탄소배출
50

탄소 관련 법 미비

탄소배출
50

탄소제로 카드

탄소 -100점

탄소제로 카드

탄소 -100점

탄소제로 카드

탄소 -100점

탄소제로 카드

탄소 -100점

탄소제로 카드

탄소 -100점

탄소제로 카드

탄소 -100점

게임 준비(모둠별)

1. 세팅
게임판을 펼치고 수익 카드를 색깔별로 더미를 만든다.

2. 시작
가위바위보 등을 통해 게임 순서를 정한다.
첫 번째 플레이어의 오른쪽 또는 왼쪽으로 진행한다.

게임 진행

3. 게임

1) 개인당 탄소배출권을 40씩 받는다.(총 3회의 게임에서 사용할 비용)
2) 3회의 게임 중 첫 번째 게임을 시작하기 전에 이번 게임에서 사용할 탄소배출권 양을 결정한다.
 · 개인당 탄소배출권을 얼마나 사용할지 결정한다.
 · 사용하기로 결정한 탄소배출권은 이번 게임에서만 사용되며 남은 것은 자동 소멸된다.
 · 게임 중에는 사용하기로 결정한 탄소배출권을 자유롭게 신용거래할 수 있다.(여유가 있을 경우 판매한다.)
 · 신용거래는 해당 게임 종료 후 탄소배출권으로 지불한다.
3) 게임판 출발지에서 주사위 2개를 던져서 말을 이동시키고, 수익 칸에 도착하면 수익 카드를 획득할 수 있다.
 · 수익 카드는 색깔별로 더미를 만들어두고 해당 색깔의 수익 카드를 1장 받을 수 있다.
 · 획득한 수익 카드는 돌아오기를 결정하기 전까지 뒷면(내용)을 볼 수 없다.
 · 돌아오는 과정에서 수익 칸에 도착해도 수익 카드를 획득할 수 있다.
4) 자기 차례가 되어 주사위를 던지기 전에 '전진하기' 대신 '돌아오기'를 선택할 수 있다.
 · 돌아오기를 선택하면 다시 앞으로 전진할 수 없으니 신중하게 선택해야 한다.
 · 돌아오기를 선택하면 게임말은 출발지 겸 도착지를 향해 돌아온다.
5) 돌아오기를 선택하면 획득한 수익 카드를 모두 뒤집어서 해당 내용을 확인한다.
 · 전진할 때와 달리 돌아올 때는 카드에 적힌 탄소배출량의 합만큼 탄소배출권을 지불해야 한다.
 · 탄소배출권은 주사위를 던질 때마다 소지한 모든 카드의 탄소배출량의 합만큼 지불한다.
 · 주사위 하나 빼기나 주사위 합에서 빼기 등의 추가 지시도 모두 따른다.
 예시) 탄소배출량1/ 탄소배출량4, 주사위 합-3인 수익 카드 2장을 가진 경우 주사위를 던질 때마다 탄소배출권 5를 지불하고 주사위 2개를 던져서 나온 합에서 3만큼 빼고 전진하면 된다.
 · 돌아오기 과정에서 준비된 탄소배출권이 부족할 경우 게임에서 탈락한다.
 · 도착지로 돌아오지 못한 경우 소지한 수익 카드의 수익은 모두 0이 된다.
6) 게임 종료 조건 : 모든 플레이어가 탈락하거나 돌아오면 게임은 종료된다.
 · 처음 출발했던 곳(출발지가 도착지)으로 무사히 돌아올 경우 소지한 수익 카드에 적힌 수익을 얻는다.

· 수익 30을 얻은 경우 탄소배출권 30으로 교
  환 가능하다.(수익과 탄소배출권은 1:1 교환
  가능)
· 이번 게임에서 사용하기로 결정한 탄소배출
  권 중 남은 것은 자동 소멸된다.

게임 결과

4. 승리 조건
3회 게임을 진행하고 가장 많은 탄소배출권을
가진 사람이 최종 승리한다.

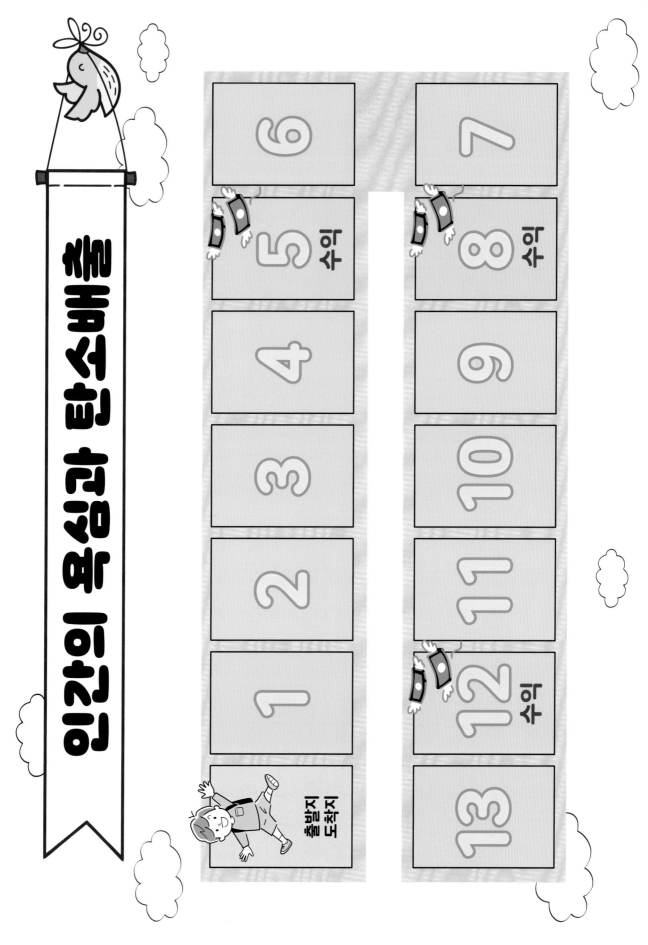

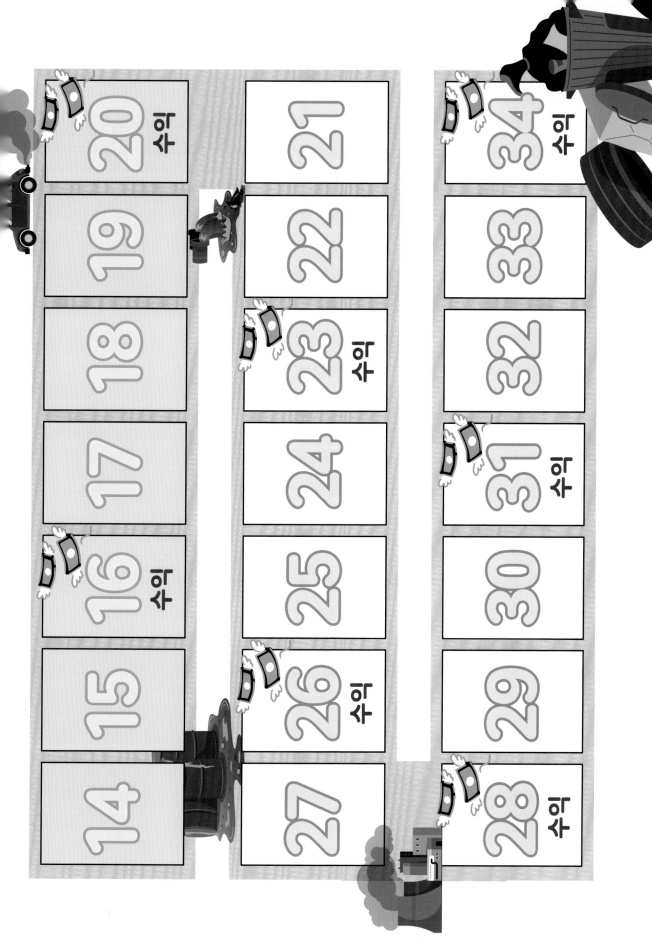

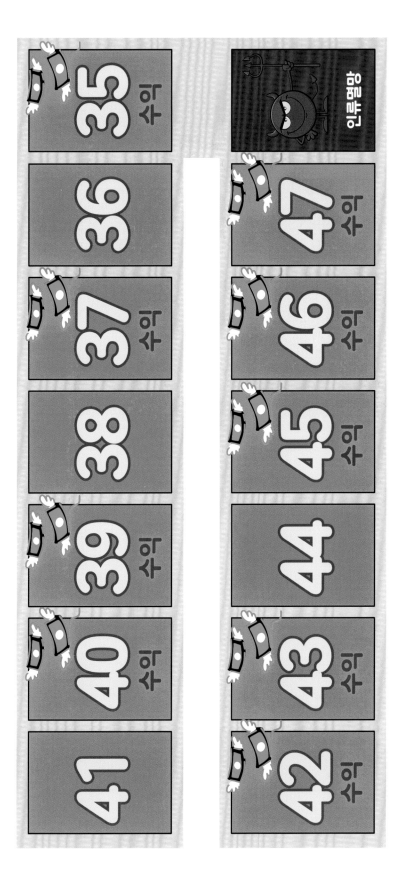

탄소배출권	탄소배출권	탄소배출권
1	**1**	**1**
탄소배출권	탄소배출권	탄소배출권
1	**1**	**1**
탄소배출권	탄소배출권	탄소배출권
1	**1**	**1**
탄소배출권	탄소배출권	탄소배출권
1	**1**	**1**

탄소배출권	탄소배출권	탄소배출권
1	**1**	**1**
탄소배출권	탄소배출권	탄소배출권
1	**1**	**1**
탄소배출권	탄소배출권	탄소배출권
1	**1**	**1**
탄소배출권	탄소배출권	탄소배출권
1	**1**	**1**

탄소배출권	탄소배출권	탄소배출권
5	**5**	**5**
탄소배출권	탄소배출권	탄소배출권
5	**5**	**5**
탄소배출권	탄소배출권	탄소배출권
5	**5**	**5**
탄소배출권	탄소배출권	탄소배출권
5	**5**	**5**

탄소배출권	탄소배출권	탄소배출권
5	**5**	**5**
탄소배출권	탄소배출권	탄소배출권
5	**5**	**5**
탄소배출권	탄소배출권	탄소배출권
5	**5**	**5**
탄소배출권	탄소배출권	탄소배출권
5	**5**	**5**

탄소배출권	탄소배출권	탄소배출권
10	10	10
탄소배출권	탄소배출권	탄소배출권
10	10	10
탄소배출권	탄소배출권	탄소배출권
10	10	10
탄소배출권	탄소배출권	탄소배출권
10	10	10

탄소배출권	탄소배출권	탄소배출권
10	10	10
탄소배출권	탄소배출권	탄소배출권
10	10	10
탄소배출권	탄소배출권	탄소배출권
10	10	10
탄소배출권	탄소배출권	탄소배출권
10	10	10

드론 배달 로봇

수익8

탄소배출량 1

친환경제품 생산

수익9

탄소배출량 1

고효율지 자동화생산

수익10

탄소배출량 1

재활용 제품 생산

수익11

탄소배출량 1

신재생에너지 발전

수익20

탄소배출량 0

적정 생산 기술 산업

수익15

탄소배출량 0

생태 관광산업 수익8 탄소배출량 1	전기·수소차 산업 수익18 탄소배출량 1
녹색기술 연구 수익16 탄소배출량 0	친환경 교통 시스템 수익14 탄소배출량 1
에너지 제로 건축 수익15 탄소배출량 0	친환경 부품 산업 수익17 탄소배출량 1

명령

수익18

탄소배출량 1
주사위 하나 빼기

건설업

수익27

탄소배출량 1
주사위 하나 빼기

자동차 산업

수익26

탄소배출량 3
주사위 합 -3

청

청

청

원자력 기술 선정	가전 선정
수익20	**수익21**
탄소배출량 1 주사위 하나 빼기	탄소배출량 2 주사위 합 -2
IT 선정	재조림
수익27	**수익26**
탄소배출량 2	탄소배출량 3 주사위 합 -2
생태복원	법제화
수익28	**수익19**
탄소배출량 1	탄소배출량 3 주사위 합 -2

제철 산업

수익43

탄소배출량 5
주사위 하나 빼기

시멘트 산업

수익37

탄소배출량 4
주사위 하나 빼기

석유화학
산업

수익42

탄소배출량 4
주사위 합 -4

플라스틱
제조 산업

수익40

탄소배출량 4
주사위 합 -4

정

정

제지 산업

수익38

탄소배출량 3
주사위 합 -3

알루미늄 산업

수익45

탄소배출량 3
주사위 합 -3

화력발전

수익35

탄소배출량 4
주사위 합 -3

수송 및 운반 산업

수익36

탄소배출량 3
주사위 합 -3

정유 산업

수익39

탄소배출량 4
주사위 합 -3

플랜테이션 농업

수익37

탄소배출량 3
주사위 합 -3

캐릭터 카드

유균국

노관심

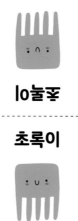

쫑눌이

초록이

휴글이

푸른이

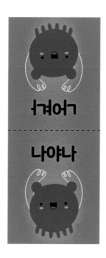

ㄱ어겨ㅓ

나야나

ㄷ개래이

개발이

늉뮤이

욕심이

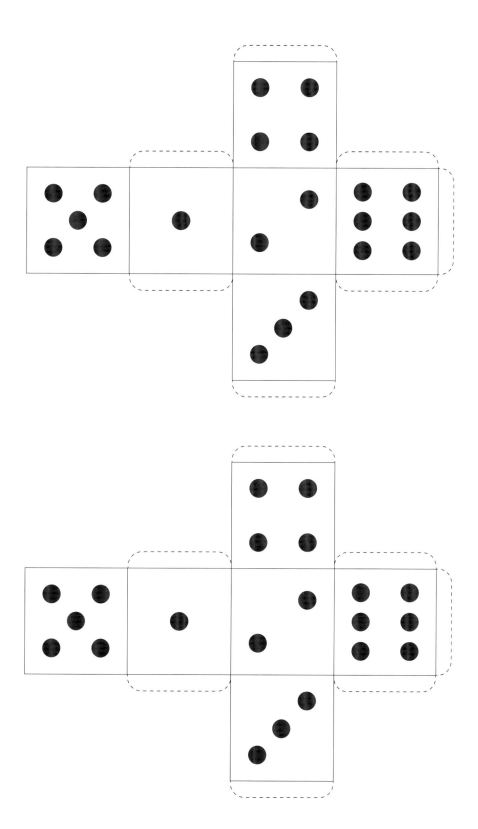

너 있지? 기후 환경 게임 설명서

게임 준비(모둠별)

1. 세팅
기후 카드와 지구 카드를 섞어서 더미를 만든다.
2. 시작
가위바위보 등을 통해 게임 순서를 정한다.
첫 번째 플레이어의 오른쪽 또는 왼쪽으로 진행한다.

게임 진행

3. 게임
1) 플레이어는 각자 기후 카드 수집판을 자기 앞에 펼쳐둔다.
2) 기후 카드와 지구 카드를 섞은 카드를 5장씩 나눠주고 남은 카드는 더미에 둔다.
3) 순서를 정하고 자기 차례에 다음과 같은 2가지 행동 중 1가지를 할 수 있다.
· 자기 순서에 임의의 한 플레이어를 지목하면서 '너 ○○기후 있지?'라고 묻고 상대방 카드 획득하기. 이때 상대가 해당 기후 카드를 가지고 있으면 카드를 받아서 내 앞의 기후 카드 수집판에 내려놓는다. 기후 카드 수집판에 내려놓은 카드는 점수가 된다. 지목된 사람은 카드 제출을 거부하거나 속일 수는 없지만 해당 기후가 여러 장일 경우 선택해서 줄 수 있다. 이때 상대방이 해당 기후 카드를 가지고 있지 않으면 지목 기회가 끝나고 순서는 다음 사람에게 넘어간다.
· 손에 쥔 지구 카드를 내려놓으면서 '기능 적용하기' 지시에 따르면 된다. 지구 카드를 내려놓으면 더 이상 지목할 기회는 없으며 순서는 다음 사람에게 넘어간다.

4) 상대에게 지목되어 손에 있는 기후 카드를 넘겨주면 더미에서 카드를 가져와 손에 있는 카드를 항상 5장으로 유지한다.
5) 이미 가지고 있는 기후 지역의 기후 카드도 추가 획득할 수 있다.
· 열대기후 카드를 수집했어도 계속해서 수집할 수 있으며 모두 점수로 더해진다.
4) 게임 종료 조건 : 누구라도 6종류의 기후 카드를 모두 수집하면 게임은 종료된다.
· 게임 종료 시 각자 모은 카드의 합이 최종 점수가 된다.
· 가장 먼저 6종류의 기후 카드를 모두 수집하면 보너스로 5점이 가산된다.
· 손에 쥐고 있는 카드는 버려지며 점수로 계산되지 않는다.

게임 결과

4. 승리 조건
각자 수집한 카드의 점수 합이 가장 높은 사람이 승리한다.
· 가장 먼저 수집해도 점수의 합이 낮으면 승리할 수 없다.

열대기후

정글, 밀림

+3점

열대기후

열대과일

+1점

열대기후

시원한 옷

+1점

열대기후

열대어

+1점

열대기후

바오밥나무

+1점

열대기후

아마존의 누물

+1점

열대기후

정글북 모글리

+2점

열대기후

스콜

+3점

열대기후

동물 서식지 파괴

-3점

열대기후

수상가옥

+2점

열대기후

플랜테이션

-3점

열대기후

열대우림 파괴

-3점

건조기후 — 사막의 어린 왕자 +1점

건조기후 — 평평한 지붕 +2점

건조기후 — 유목생활 +1점

건조기후 — 버섯바위 +2점

건조기후 — 관개농업 +3점

건조기후 — 큰 일교차 +2점

건조기후  오아시스 +1점	건조기후  대추야자 +2점
건조기후  온몸 감싸는 옷 +1점	건조기후  게르, 유르트 +1점
건조기후  지하수 고갈 -2점	건조기후  사막화 현상 -2점

온대기후

대청마루

+2점

온대기후

창이 큰 집

+1점

온대기후

화훼농업 발달

+1점

온대기후

우산

+1점

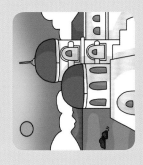

온대기후

하얀 벽, 파란 지붕

+1점

온대기후

낙농업 발달

+1점

온대기후

벼농사 발달

+2점

온대기후

온돌

+2점

온대기후

여름 고온건조

+1점

온대기후

도시화

−2점

온대기후

공업화

−2점

온대기후

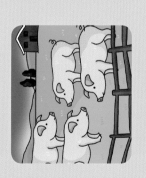

지나친 가축 사육

−2점

냉대기후

타이가

+3점

냉대기후

춥고 긴 겨울

+2점

냉대기후

난방시설 발달

+1점

냉대기후

따뜻한 복장

+1점

냉대기후

고열량 음식

-1점

냉대기후

통나무집

+1점

냉대기후

야생동물

+3점

냉대기후

자작나무

+1점

냉대기후

잡곡농사 활발

+1점

냉대기후

침엽수림 파괴

-2점

냉대기후

큰 연교차

+1점

냉대기후

지나친 벌목

-2점

한대기후

여름 모기

+1점

한대기후

순록유목

+2점

한대기후

동물털 가죽옷

+1점

한대기후

어로, 수렵

+1점

한대기후

이끼

+2점

한대기후

이동식 가옥

+1점

한대기후

영구동토층 파괴

−2점

한대기후

생식

+3점

한대기후

생태계 파괴

−2점

한대기후

사라져가는 빙하

−3점

한대기후

백야

+1점

한대기후

훈제연어

+3점

고산기후

라마

+1점

고산기후

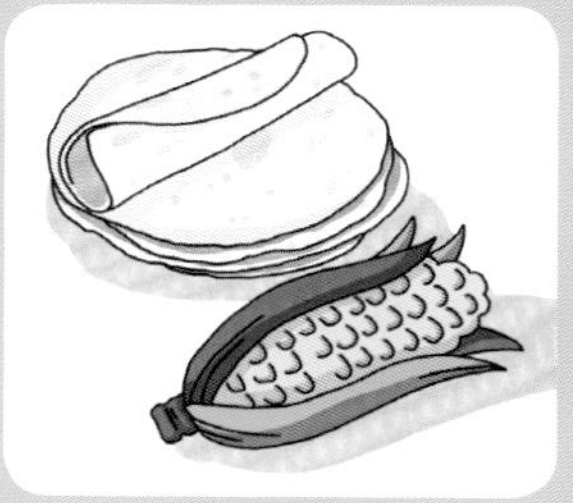

토르티야

+2점

고산기후

돌집

+1점

고산기후

알파카

+1점

고산기후

연중 온화한 기후

+2점

고산기후

고산 생태계 파괴

−2점

141

고산기후

망토
+1점

고산기후

챙이 큰 모자
+2점

고산기후

나초
0점

고산기후

마야, 잉카문명
+1점

고산기후

고산도시 인구 집중
-2점

고산기후

자외선 노출
-2점

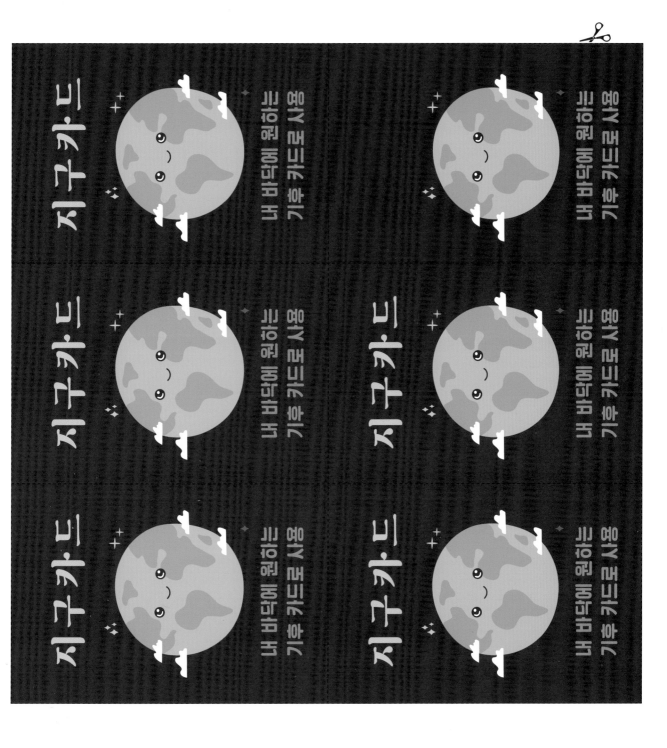

지구카드

지구카드

지구카드

지구카드

지구카드

내 마음대로 원하는
기후 카드로 사용

내 마음대로 원하는
기후 카드로 사용

내 마음대로 원하는
기후 카드로 사용

내 마음대로 원하는
기후 카드로 사용

내 마음대로 원하는
기후 카드로 사용

내 마음대로 원하는
기후 카드로 사용

지구카드

원하는 상대 바닥
카드 1장 가져오기

지구카드

원하는 상대 바닥
카드 1장 가져오기

지구카드

원하는 상대 바닥
카드 1장 가져오기

지구카드

원하는 상대 바닥
카드 1장 가져오기

지구카드

원하는 상대 바닥
카드 1장 가져오기

지구카드

원하는 상대 바닥
카드 1장 가져오기

147

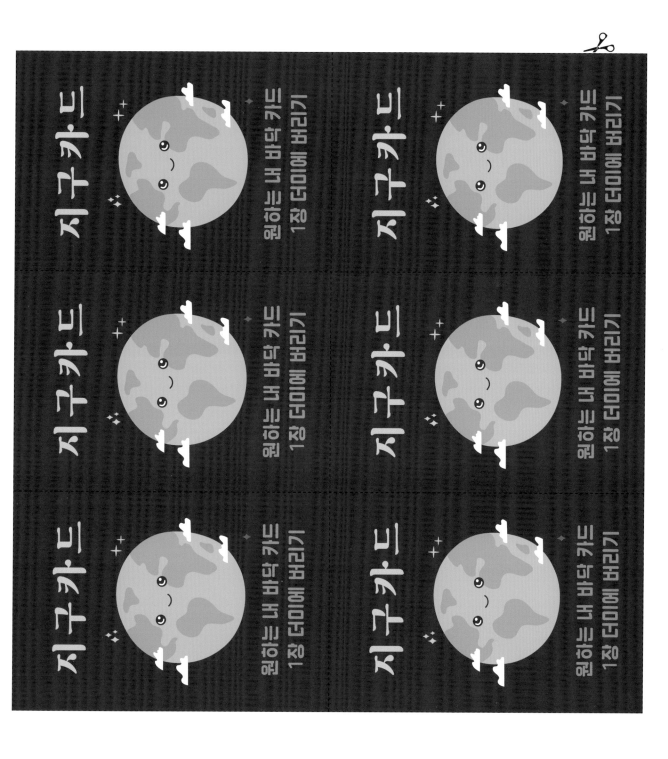

지구카드

지구카드

원하는 내 바닥 카드
1장 더미에 버리기

지구카드

지구카드

원하는 내 바닥 카드
1장 더미에 버리기

원하는 내 바닥 카드
1장 더미에 버리기

원하는 내 바닥 카드
1장 더미에 버리기

지구카드

지구카드

원하는 내 바닥 카드
1장 더미에 버리기

원하는 내 바닥 카드
1장 더미에 버리기

지구카드

지구카드

원하는 내 바닥 카드
1장 더미에 버리기

지구카드

지구카드

상대 손의 카드와
내 손 카드 모두 바꾸기

지구카드

지구카드

상대 손의 카드와
내 손 카드 모두 바꾸기

기후 카드 수집판

건기	건기	건기
한대기후	한대기후	한대기후
냉대기후	냉대기후	냉대기후
온대기후	온대기후	온대기후
건조기후	건조기후	건조기후
열대기후	열대기후	열대기후

기호 카드 수집판

고저지화	고저지화	고저지화
한랭전선	한랭전선	한랭전선
온난전선	온난전선	온난전선
온대저기압	온대저기압	온대저기압
정체전선	정체전선	정체전선
폐색전선	폐색전선	폐색전선

기후 카드 수집판

고기압	고기압	고기압
한랭전선	한랭전선	한랭전선
온난전선	온난전선	온난전선
온대저기압	온대저기압	온대저기압
정체전선	정체전선	정체전선
폐색전선	폐색전선	폐색전선

기후 카드 수집판

건조기후	건조기후	건조기후
한대기후	한대기후	한대기후
냉대기후	냉대기후	냉대기후
온대기후	온대기후	온대기후
건조기후	건조기후	건조기후
열대기후	열대기후	열대기후

기억 보존판

친구들이 어떤 카드를 가지고 있을지 파악하면서 게임을 하면 더욱 수월하게 게임을 진행할 수 있어요.

구분	열대기후	건조기후	온대기후	냉대기후	한대기후	고산기후

탄소제로 도전 게임

인간의 욕심과 탄소배출 게임

너 있지? 기후 환경 게임